上海气象博物馆

研学导师指导手册

气象出版社
China Meteorological Press

图书在版编目（CIP）数据

上海气象博物馆研学导师指导手册 / 郑太年，张晖编著 . -- 北京 : 气象出版社 , 2020.11

ISBN 978-7-5029-7322-3

Ⅰ . ①上… Ⅱ . ①郑… ②张… Ⅲ . ①气象学－中小学－教学参考资料 Ⅳ . ① G633.933

中国版本图书馆 CIP 数据核字（2020）第 221735 号

Shanghai Qixiang Bowuguan Yanxue Daoshi Zhidao Shouce

上海气象博物馆研学导师指导手册

郑太年　张　晖　**编著**

出版发行：气象出版社

地　　址：北京市海淀区中关村南大街 46 号　　**邮政编码：**100081

电　　话：010-68407112（总编室）　010-68408042（发行部）

网　　址：http://www.qxcbs.com　　**E-mail：**qxcbs@cma.gov.cn

责任编辑：颜娇珑　邵　华　　**终　　审：**吴晓鹏

责任校对：张硕杰　　**责任技编：**赵相宁

封面设计：地大彩印设计中心

印　　刷：北京中石油彩色印刷有限责任公司

开　　本：787 mm×1092 mm　1/16　　**印　　张：**3.5

字　　数：52 千字

版　　次：2020 年 11 月第 1 版　　**印　　次：**2020 年 11 月第 1 次印刷

定　　价：15.00 元

目录

模块一　研学导师工作方法论

本研学课程重点利用上海气象博物馆的馆藏资源，聚焦与气象相关主题进行对话与科学探究。研学课程以慧玖 3EP 研学课程模型（以下简称“3EP 模型”）为基础开发，强调知识、兴趣、想象、思维、工具五大要素在研学过程中的渗透与融合，凸显了研学课程的教育性原则、主题聚焦原则、深度参与原则和多元联结原则。

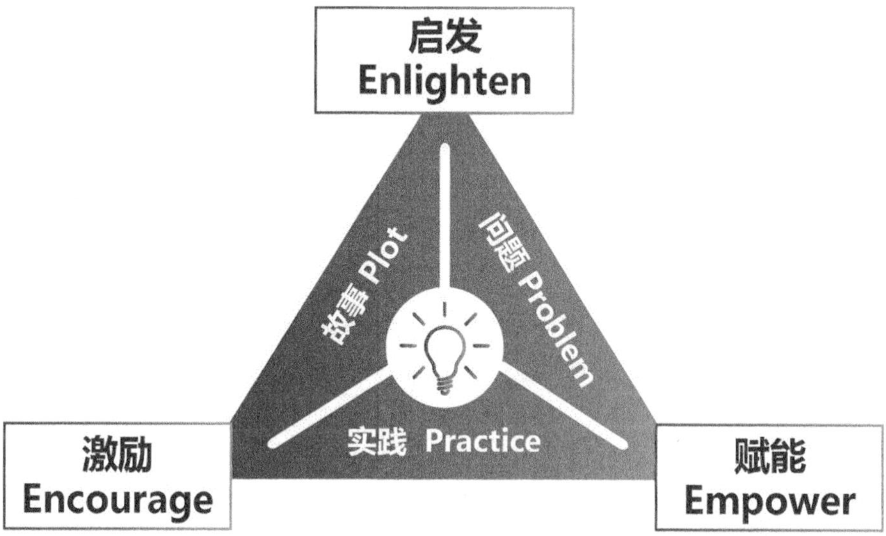

慧玖 3EP 研学课程模型

在 3EP 模型中，研学课程在形式上注重问题、故事和实践的融入，一方面，使得知识和应用的情境结合起来，即在这个研学项目中，推动学生理解气象学的知识和技术与我们的日常生活、社会经济的发展和整个人类居住环境的关系；另一方面，问题、故事和实践也使得研学过程变得生动有趣，丰富了学生的学习方式和经验。因而，研学导师在考虑气象学及相关知识时，首先应考虑把这些知识置入什么样的问题、故事和实践中。

3EP模型注重问题、故事和实践的形式，就是要推进启发、激励和赋能这三个方面功能的实现，也就是要通过研学实践启发学生兴趣、激励学生探索，赋能学生的长远发展。这一功能的实现，是基于学习的发生机制，在兴趣推动的、探究性的、资源丰富的学习中，学习者能主动地建构知识、发展自己的理解、探索新的可能，这是更有效、更有创造力的学习方式，学习者也有很好的机会体验探索的乐趣和深化自我认识。因而，研学导师在实施气象主题研学时，要时刻思考如何启动和支持学生的探索，如何更好地组织和推进提问、对话、对于学生想法的讨论、游戏、动手实践、展示分享等，以更好地实现这些功能。

知识、兴趣、想象、思维、工具五大要素在研学这种特定的学习情境下以不同方式呈现和融合，具体来说，就是：

知识为域：基于学生已有知识开展研学课程，扩展视野，延伸知识。在中小学的科学（自然、地理）课程中有关于气象学的知识，在语文、历史、社会课程中有关于气象的社会文化知识，这些都可以在主题探索和对话中加以调用，并通过研学加以激活、综合、深化和拓展。

兴趣为始：在研学过程中激发兴趣，培养爱好，实现主动探索。在研学实践中，尽可能做到所有的活动都是兴趣推动的，研学导师要注重设计有趣的问题，穿插有趣的故事，组织有趣的实践。

想象为翅：拓展想象空间，鼓励大胆创新，预见未来。比如，研学导师提出的问题，可以让学生充分运用想象力来做出假设，再通过运用相关知识和探索过程进行论证。在上海气象博物馆研学时，“气象对于整个人类生活的影响”这样一个大的问题域中，学生就可以基于想象构建关系，展开开放性的探究。

思维为道：提升基础性的思维品质，通过实践体验自我认知，并认识世界。对于各种问题的探究和分析，既要有富有想象力的假设，也要有严密的论证，并可以通过学生同伴间的以及与专业人士的对话让学生的思维得到锻炼，并享受到思考和论辩的乐趣。

工具为器：掌握科学认知方法技能和相关技术手段，这是科学探究和各种问题研究必不可少的，学生也在解决问题的过程中通过应用这些工具来体会其重要性并逐步掌握应用方法。在上海气象博物馆，可以就气象学的工具和方法展开讨论，也可以让学生运用这些工具和方法进行实践。

研学导师手账

我的思考：

我准备这样做：

模块二　研学导师工作概述

研学导师和研学课程是保证研学实践质量的两个最关键因素。

研学实践和现有的学科教学不同，研学实践不再局限于对学生进行纯粹的书本知识的传授，而是让学生主动探究、主动学习，在实践和体验中学习、创新和发展。

上海气象博物馆研学课程开发综合考虑了以下因素：

★ 国家关于研学的相关政策和要求

★ 慧玖 3EP 研学课程模型

★ 基于国家政策和相关理论研究提出的研学科学设计原则

★ 不同年龄段学生的行为特征和认知能力

★ 馆藏资源和内容

★ 校内相关学科中的知识储备

★ 各研学阶段主题的逻辑关联

研学课程方案确定三个不同主题：

小学 1~3 年级围绕“气象与我每天的生活”这一主题，强调观察和体验，激发学生在研学过程中理解、主动思考，期望帮助学生提高科学思维和创造思维两大方面的素养。

小学 4~6 年级主要围绕“气象与上海的发展”这一主题，综合运用观察、引导、体验、头脑风暴等方法，激发学生思考和分析，期望帮助学生提升社会洞察力、责任和奉献方面的素养。

初中阶段围绕“有温度的地球”这一主题综合运用观察、引导、体验、头脑风暴等方法，激发学生思考和创造，期望帮助学生提升探究和创造、责任和理性方面的素质。

在整个研学过程中，研学导师需要紧密围绕不同年龄阶段确定的主题，引导学生认真观察、主动思考，为学生提供提出问题的机会，鼓励学生提出感兴趣的问题，并及时捕捉参观和体验活动中学生动态生成的问题；让学生自主探究，利用已有知识，强化发现、提出、分析问题的能力，理解问题背后的原因，并可以创造性解决问题；培养学生勇于发言、善于倾听和交流的能力。同时，研学导师需要指导学生完成研学手册中的相关记录和表述。

在体验和实践环节，研学导师需要促进学生积极参与活动过程，体验和感受课本知识与实际生活之间的联系，并加强对学生体验活动参与方式与方法的指导，帮助学生找到适合自己的方式。研学老师重在启发、激励、点拨、引导、赋能，不能对学生的体验和实践活动过程包办代替。同时指导学生做好活动过程的记录，完成研学手册的相关内容。

在集体讨论和研学总结阶段，研学导师要引导学生就具体内容进行头脑风暴、主动思考、同伴交流与对话、积极表达，团队共创研学成果。指导学生对研学过程和结果进行系统梳理和总结，并选择适合的研学总结呈现方式，鼓励多种形式的呈现，如文字、涂鸦、绘画、图表、手账等，促进学生自我回顾、反思、归纳和表述。

气象主题研学实践评价与研学课程设计有内在的一致性，主要基于 3EP 研学模型的五大要素，即知识、兴趣、想象、思维和工具进行综合教育评价，研学导师在整个研学过程中要注意关注学生在这几项要素上的表现。

研学导师手账

我的思考：

我准备这样做：

模块三　研学导师工作导图

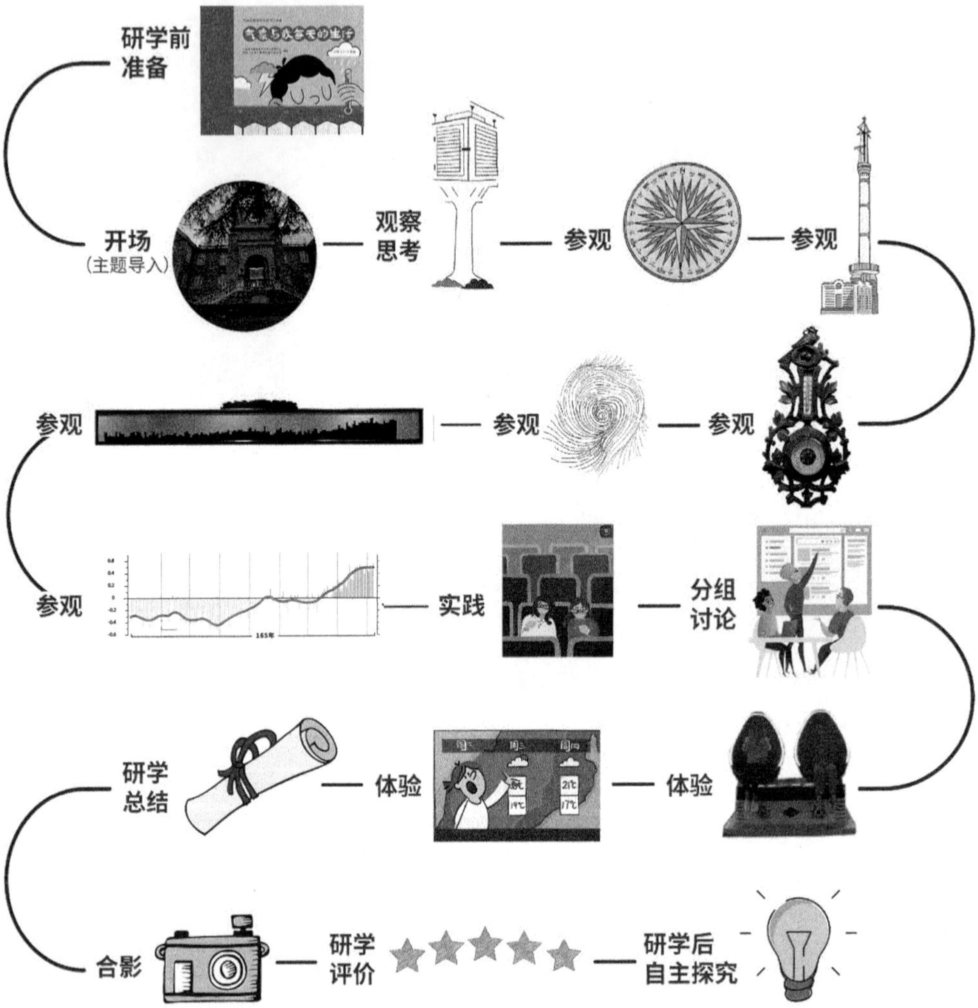

研学导师手账

我的建议：

我还有补充：

模块四　研学前准备

为了确保上海气象博物馆研学活动安全、顺利、有效地开展，充分的前期准备工作尤为重要。

研学活动前期准备工作

序号	准备内容	相关要求
1	行前学习资料	气象科学相关阅读材料；上海气象博物馆的历史及内部陈列等相关介绍；研学纪律、安全注意事项及博物馆禁止携带的物品清单
2	学生研学手册	提前发放《气象主题研学实践学生手册》，并提醒学生研学当天随身携带好手册和笔
3	教案准备	了解并熟悉研学行程安排，提前实地了解行程安排中涉及的场所和课程内容，对于其中的课程实施部分提前做好规划
4	所需物料	《上海气象博物馆研学点名表》，用于小组讨论的纸、笔、气象奖励贴纸，合影用的横幅，体验实践材料等
5	馆方沟通	与上海气象博物馆沟通确认行程安排和馆方准备工作，协调好往返的交通安排，确定参加学生的集合时间和地点并沟通到位
6	主办方沟通	与主办方沟通确认行程安排和相关工作准备
7	其他常备物品	准备常用药品，如感冒药、晕车药、肠胃药、消炎药、创口贴等。学生个别的特殊药品在《上海气象博物馆研学点名表》对应学生的备注栏中体现
8	购买保险	为参加研学的每个学生购买相关保险
9	应急预案	制定上海气象博物馆研学应急预案，安全预防工作做足做实
10	参加培训	研学导师需参加培训，持证上岗；同时需要参加气象基础知识培训

研学导师手账

我的建议：

我还有补充：

模块五　研学中主题导入

上海气象博物馆研学课程主题非常明确，小学 1~3 年级围绕“气象与我每天的生活”这一主题，观察“我”和“我的身边”，关注“现在”；小学 4~6 年级主要围绕“气象与上海的发展”这一主题，感受上海区域和“我们”，关注“历史和现在”；初中阶段围绕“有温度的地球”这一主题，关注地球和全人类，面向“未来”。

研学课程主题及对象范围

对象	主题	地理和对象范围	面向
小学 1~3 年级	气象与我每天的生活	身边，我	现在
小学 4~6 年级	气象与上海的发展	上海区域，我们	历史，现在
初中	有温度的地球	地球，全人类	未来

气象研学课程倡导基于问题的学习，主题导入将通过提出问题、引发思考的方式开展，过程中强调互动和对话，同时引导学生明确核心问题，主动探索，积极寻求问题的解决方案。

三个不同主题的核心驱动问题：

①说一说你了解的气象？想一想气象与自己的生活有什么关系？

②说起气象对上海发展的贡献，你能想到什么？

③极端气候事件频发，地球怎么啦？

在参加研学的学生到达气象博物馆、研学实践活动开场后，研学导师除了全面介绍研学实践内容和注意事项外，还需要导入明确的主题。以小学

1~3 年级为例，研学导师需引导学生说出他们所了解的气象知识，让学生思考气象与自己的生活有什么关系，对于踊跃发言的给予气象贴纸奖励，还可以提出引导问题："大家有没有看过闪电？""哪个季节下雨最多？""最喜欢什么天气？为什么？"并给出时间让学生完成研学手册中"说说你了解的气象知识"模块，并强调学生认真填写，小朋友的研学手册需要交给老师进行研学评价。

研学导师手账

我的建议：

我还有补充：

模块六 研学中参观指引

上海气象博物馆介绍要点

①上海气象博物馆的百年历史与上海的发展见证——从远东第一个气象站到现代上海气象局；

②博物馆的建筑特色与文物价值；

③博物馆所在徐家汇的百年变迁；

④唯一持续运转的百年气象观测点。

上海气象博物馆线路、故事、馆藏参观重点

①上海百年气象变化，上海不同发展时期气象特征；

②外滩气象信号塔的历史，对当时上海贸易、城市发展的作用，运营与信号应用等模型示范；

③台风观测、记录等，台风对上海的影响，典型事件；

④气象与社会（各行业）关系的分析与概述；

⑤地球长时间段的气象变化；

⑥气象观测的工具和技术及其历史变迁。

研学导师要特别注意的是，针对不同年龄和学段的学生，对于同一展品的关注重点应有所不同，关注重点一方面要符合学生的知识水平和兴趣特征，另一方面要与不同阶段研学方案所确定的主题相一致。建议如下：

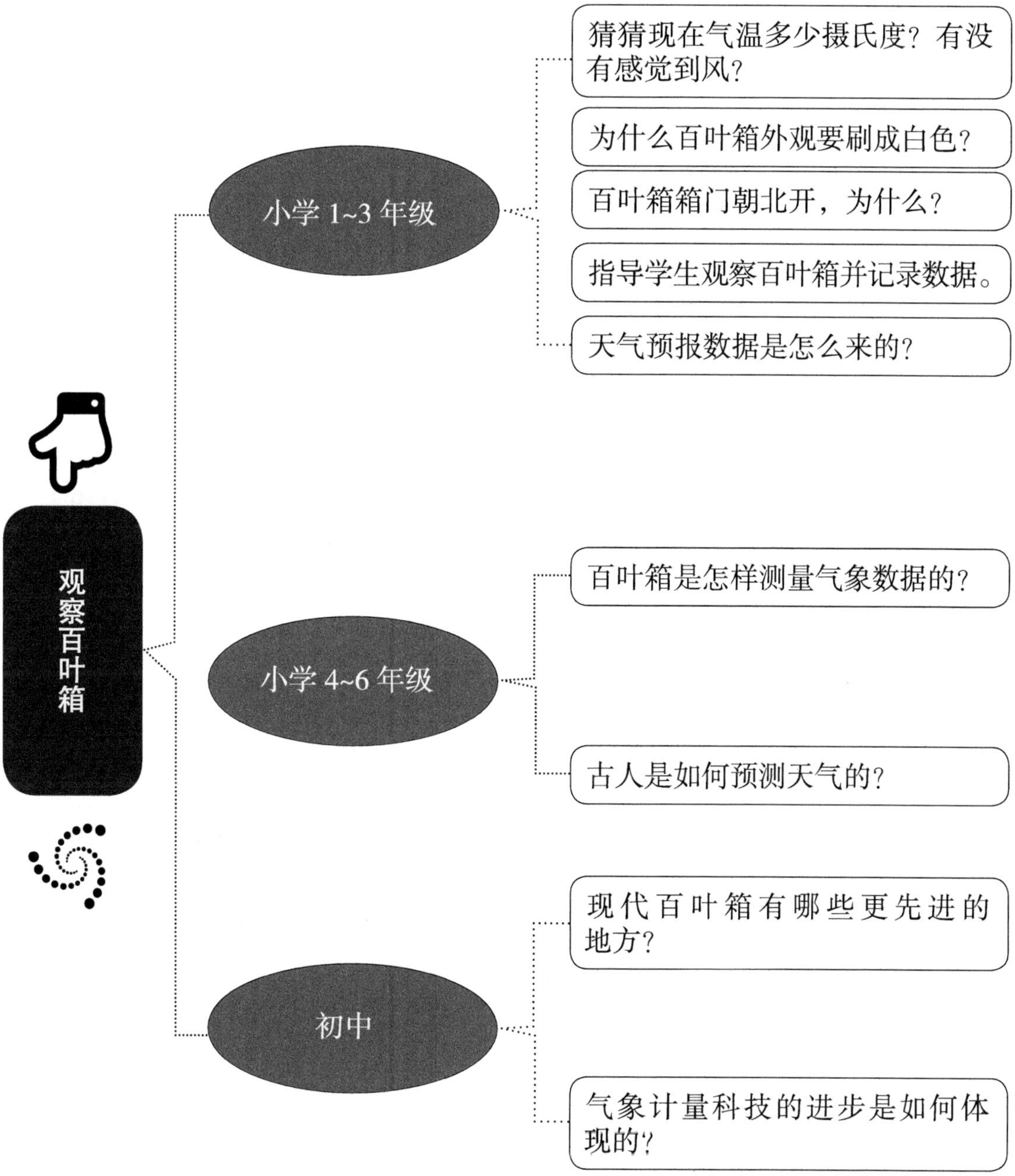
观察百叶箱
小学 1~3 年级
猜猜现在气温多少摄氏度？有没有感觉到风？
为什么百叶箱外观要刷成白色？
百叶箱箱门朝北开，为什么？
指导学生观察百叶箱并记录数据。
天气预报数据是怎么来的？
小学 4~6 年级
百叶箱是怎样测量气象数据的？
古人是如何预测天气的？
初中
现代百叶箱有哪些更先进的地方？
气象计量科技的进步是如何体现的？

32方位罗盘

- 小学 1~3 年级
  - 探秘罗盘方位图，有什么发现？
  - 32 方位罗盘、气象与航海三者有什么关系？
- 小学 4~6 年级
  - 有没有小朋友了解“鲁滨逊漂流记”的故事？最深刻的印象是什么？
  - 为什么最早的气象服务应用于航海？
- 初中
  - 气象学发展与航运业的关系是什么？
  - 体验回声：探索一下 32 罗盘方位图的秘密。

寒暑亭

- 小学 1~3 年级
  - 寒暑亭有什么功能？
  - 想知道寒暑亭背后的故事吗？
- 小学 4~6 年级
  - 寒暑亭作为最早的气象观测工具，有什么历史意义？
- 初中
  - 寒暑亭和百叶箱的基本工作原理是什么？

馆藏天气测量仪器

小学4~6年级

- 猜一猜上海气象博物馆馆藏测量仪器的历史年代。
- 气象测量仪器是怎么体现当时历史时期的技术与艺术的结合的?

初中

- 为什么毛发可以成为湿度计的关键制作原料之一?
- 气象测量仪器是怎么体现技术与艺术的结合的?

台风图

- 小学 1~3 年级
  - 台风对日常生活有什么影响？
  - 想知道海面上的台风是什么样的吗？
  - 说一说你了解的台风。
- 小学 4~6 年级
  - 台风带给上海市民生活和城市发展什么影响？
  - 历史上人类是如何预测台风的？有关台风的相关知识有哪些？
- 初中
  - 能恩斯根据什么画出了台风眼？
  - 台风的形成原因，以及对生产、生活的影响有哪些？

- 外滩信号塔
  - 小学 1~3 年级
    - 外滩信号塔有什么作用？如何预警？信号旗的含义是什么？
    - 想知道外滩信号塔和台风图背后的故事吗？
    - 气象与航运有什么关系？
  - 小学 4~6 年级
    - 气象观测在城市建设领域起到重要作用的案例有哪些？
    - 外滩气象信号塔对当时上海贸易、城市发展有什么作用？
  - 初中
    - 外滩信号塔上的气象监测工具如何使用？

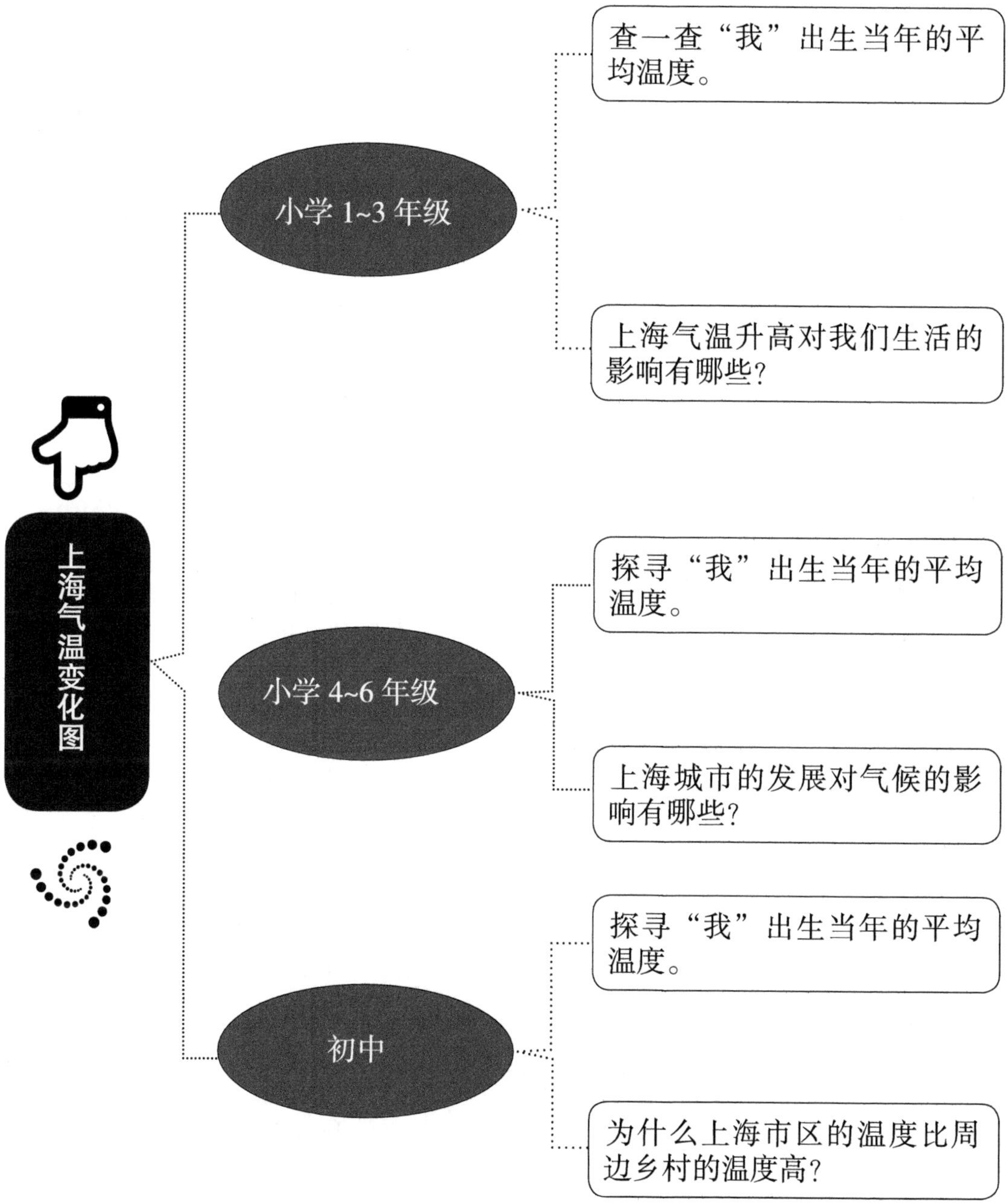
上海气温变化图
小学 1~3 年级
查一查“我”出生当年的平均温度。
上海气温升高对我们生活的影响有哪些？
小学 4~6 年级
探寻“我”出生当年的平均温度。
上海城市的发展对气候的影响有哪些？
初中
探寻“我”出生当年的平均温度。
为什么上海市区的温度比周边乡村的温度高？

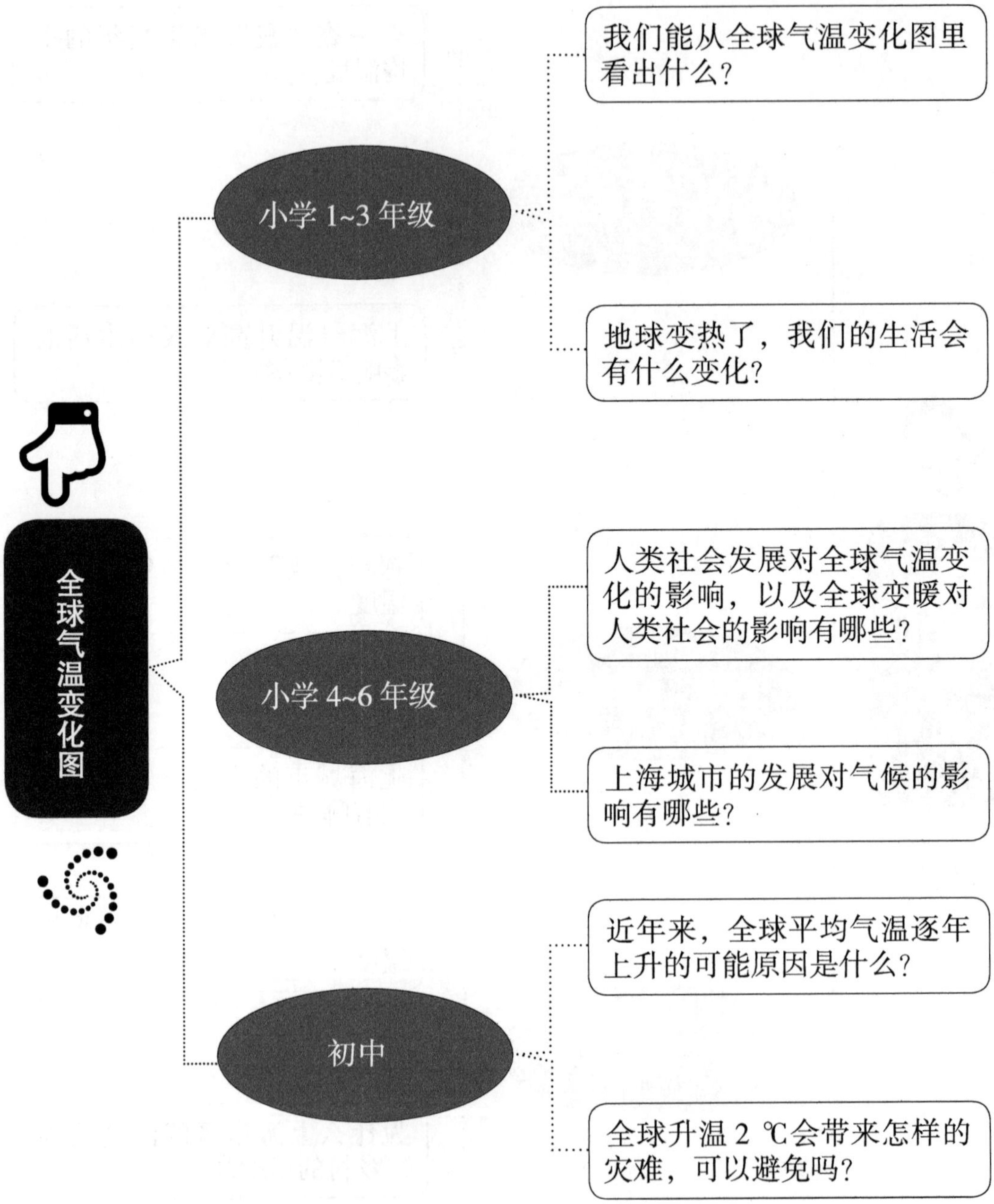
全球气温变化图
小学 1~3 年级
我们能从全球气温变化图里看出什么？
地球变热了，我们的生活会有什么变化？
小学 4~6 年级
人类社会发展对全球气温变化的影响，以及全球变暖对人类社会的影响有哪些？
上海城市的发展对气候的影响有哪些？
初中
近年来，全球平均气温逐年上升的可能原因是什么？
全球升温 2 ℃会带来怎样的灾难，可以避免吗？

研学导师手账

我的建议：

我还有补充：

模块七　研学中体验（实践）指导

研学体验（实践）项目实验方案（一）

体验（实践）项目	气象 VR 体验	小小气象播报员体验
实施方式	①气象博物馆内参观环节结束之后来到气象VR体验环节：研学导师引导学生复习馆内有关台风的知识点与内容； ②并未经历馆内参观环节直接来到气象VR体验环节：研学导师提问，学生头脑风暴，根据不同年龄阶段提出不同问题，如台风是什么样的？生活中是否经历过台风？想象一下台风对生活造成的影响？预感一下会体验到什么？等等	①馆方导览员向学生说明互动气象演播厅注意事项，并演示天气预报的制作（考虑时间等因素，馆方不建议每位学生上手操作）； ②馆方导览员为学生做气象播报示范（也可提供气象播报示范视频）； ③小组长组织组员列队，发放当日天气播报卡片，小组组员有序候场体验，体验时长1分钟（馆方工作人员在学生体验过程中拍照）； ④馆方工作人员协助打印组员虚拟主播照片并交予小组长； ⑤小组长负责本组组员虚拟主播照片的发放工作
主题任务	①认识台风；了解台风的天气特点；感受台风的威力； ②通过VR技术，体验穿越台风	①了解天气预报制作方式与制作流程； ②体验气象播报员工作
相关指导	指导学生记录收获和感受（关键词）	指导学生记录收获和感受（关键词）
注意事项	二人一组，有序安排，在保证公平的同时保障安全	控制时间，有序安排，在保证公平的同时保障安全

研学体验（实践）项目实验方案（二）

体验（实践）项目	百叶箱观测记录	绘制气象日历
实施方式	①在馆方导览员和研学导师的带领下，以小组为单位列队前往馆外观测场，小组长协助研学导师做好列队秩序维护； ②在馆方导览员正式介绍与解说之前，研学导师先让学生自行观察百叶箱，按不同年龄段给出引导词； ③结合学生的回答和疑问，馆方导览员开始介绍百叶箱的用途、内部构造、工作原理等知识点； ④馆方导览员打开百叶箱，向学生展示百叶箱内部结构，学生有序观摩； ⑤随机邀请 1~2 位学生（单独或者合作）读取当下的温度表数值，与最开始学生回答的预估气温进行比对，向答案距温度表读数最接近的同学发放气象贴纸一枚； ⑥馆方导览员介绍风向风速计、雨量计、蒸发皿的正确使用方法、测量原理、指数读取与记录方式	①研学导师发放气象日历的制作物料，介绍气象日历的制作方法与要点；学员独立绘制气象日历，小组组长组织组内投票，评选本组最佳作品，提交给研学导师； ②各组最佳作品的绘制学员向其他学员介绍自己的制作思路，分享制作经验； ③时间充裕的情况下，可让学员根据气象日历进行气象播报，加深学员对天气预报知识点的认知； ④研学导师向各组最佳作品的绘制学员发放气象贴纸一枚
主题任务	①认识百叶箱，了解百叶箱的内部构造和工作原理； ②认识温度表、气压计、雨量计、风向风速计、蒸发皿等气象观测仪器； ③了解从温度、气压、湿度、风的气象观测到天气预报的工作流程	①了解气象符号含义； ②通过实践了解天气预报的制作过程； ③进一步理解天气预报对人们生活的意义
相关指导	根据不同年龄段主题要求完成研学手册记录，并给予准确、充分的解答	引导学生熟悉并正确使用气象符号，发挥创造力完成研学手册
注意事项	让每位组员都能近距离观看百叶箱内部结构	视研学时间安排，可作为研学后自主探究内容，引导学生自主完成

研学导师手账

我的建议：

我还有补充：

模块八　研学中分组讨论

为了使分组讨论有更好的产出，需要一个好的分组讨论引导者，因此，研学导师的作用在分组讨论环节尤为重要。

作为研学中分组讨论的引导者，研学导师的主要职责就是围绕研学主题，依据研学内容的广泛性和现实情景的开放性，设置引导问题，引导学生展示观点，论证自己的观点，引导讨论互动，让学生们互相比较、学习借鉴，形成清晰的自我意识，输出正确的论点。研学导师应注重对学生知识水平、思维水平和方法的判断，注重对学生观点和推理过程的分析与指导，注重对发散思维和创新思维的培养。研学过程中还应注意，引导问题讨论要兼顾学生达成研学目标的一般情况和在某一方面的特别表现，顾及学生的个性差异。分组讨论中研学导师需让团队成员始终保持想法是在流动的状态，并注意保持团队能量的节奏，在能量慢下来或中断的时候做适时调整。

研学讨论环节实施技巧及注意事项

环节设置	技能技巧	注意事项
导入环节	①遵循针对性、目的性、关联性、启发性、艺术性、趣味性原则； ②贴近生活实际，调用学生已有知识，拉近与研学内容距离	①严格遵循时效性原则； ②简洁明了； ③起到引导、激发作用
研讨环节	①座次分布以小组形式围坐在一起； ②探讨问题一定要有分工，提高开口率； ③讨论结果要让学生自己表达出来，并将主要结果在研学手册中加以记录； ④表达形式多样性：辩论赛、角色扮演，运用竞争、表演的方式组织	①注重趣味性； ②以学生为主体； ③提出的问题要有可探讨的价值，与研学主题相关
互动环节	①互动问题简单易懂且能引发思考； ②互动过程适当加以引导，先与积极性高的同学互动，循序渐进； ③要对互动中同学们的答案进行简单复述总结； ④要鼓励持不同观点的同学之间进行互动，引导学生明确观点的差异并引导学生进行分析、判断及发展观点	①不能机械性进行“是不是”“对不对”的问题互动； ②互动交流不能伤及学生自尊心
倾听环节	①导师倾听时要面带微笑，保持与学生的眼神交流，给予学生足够的关注与信心； ②一位同学作答交流时，导师要引导其他学生学会倾听	①不要随意打断学生发言； ②不要待在距离学生很远的地方； ③不要只盯着某个学生，要照顾全场

研学导师手账

我的建议：

我还有补充：

模块九　研学后总结与评价

研学后总结模块分为学生的研学成果总结和研学导师的经验总结。

研学成果可以有多种形式，可以是一份调查报告、一件模型、一块展板、一场主题演讲、一次口头报告、一本研究笔记，也可以是一项活动的设计方案。不同学校、不同年级的学生可以根据实际情况采用最适合自己的方式提供研学成果。研学成果表达交流形式同样可以灵活多变，图画、照片、模型、实物、录音、录像、光盘、网页、诗歌、节目等都可以作为研学成果的表达交流形式。

在引导学生完成学生手册的研学总结内容时，研学导师可以让学生围绕研学过程的收获和感悟自由发挥，记录点滴，留下成长的痕迹。

作为研学导师，研学活动结束后，要对整个研学活动进行总结，吸取经验教训，撰写研学笔记。

研学经验总结是对整个研学过程的回顾，结合研学导师手账，对在研学过程中与原计划有出入的地方、突发的事件、存在的问题进行重点记录。首先要对发生的事件、处理的方式、造成的影响进行简单论述，其次要分析问题出现的原因，最后要对再遇到类似事件的解决路径进行思考。做到举一反三，不断提升。

研学评价要素应该与预期所设计的研学课程目标相结合，研学实践作为综合素质培养的重要途径，具有成长性和可塑性。不同的学生在研学实践中的学习和锻炼成果是不同的，研学评价要包容差异性。

通过研学总结和评价结果，学校和家长可以了解学生研学实践中所发生的故事，家长也更加了解学生的综合能力发展。

研学总结的技能技巧与注意事项

环节设置	技能技巧	注意事项
研学成果输出环节	①研学成果可以有多种形式，不同学校、不同年级的学生可以根据实际情况采用最适合自己的方式； ②研学成果表达交流形式同样灵活多变； ③研学成果一定要看得见、摸得着	①应引导而不能代劳； ②顾及学生的个性差异； ③研学成果要反馈到学校或家长； ④对优秀的研学成果作品进行展示，组织交流评比
研学导师经验总结环节	①重点对突发应急事件进行总结反思； ②对问题发生的原因进行分析； ③对类似事件的解决途径进行思考总结	①避免泛泛而谈； ②事件撰写概要重心在分析原因、解决途径层面
评价反馈环节	①利用活动间隙，多与学生进行互动，了解真实情况； ②可与个别学生单独沟通交流； ③更多关注过程中学生表现； ④围绕课程设计要素	①加强与学校、家长的沟通交流； ②学生的表现评价要及时如实地反馈给学校或家长

评价方案参考

指标	评价要点	A（很好）	B（尚可）	C（待改进）
		有高水平表现、有贡献	遵从要求、完成任务	有缺陷、不够积极、任务未完成
文明守纪	遵守研学和参观要求，注重秩序和礼让，服从管理，注重协作，积极服务集体			
活动参与	认真听讲、参与活动和讨论、完成相关任务或者项目			
知识	积极回忆和调用已有的相关知识，积极拓展新知识			
兴趣	饶有兴趣参与各种活动，主动思考和探索；在研学所提任务之外还会进一步学习和探究			
想象	在所见、所听之外有联想，喜欢在不同内容之间建立联系，喜欢提出问题，对于各种问题有自己的假设或者想法			
思维	对于所见、所听、所讨论的事情积极思考，勤于通过自己的思维进行论证或者推理			
工具	关注方法和技术方面的展品、主题或者内容，积极思考这些方法和技术在其他情境中的应用			
综合等级（　　）		以上指标综合表现：每项A=3分，B=2分，C=1分，总分17~21分为综合A等，总分14~16分为综合B等，总分14分以下为综合C等		

研学导师手账

我的建议：

我还有补充：

模块十　研学后自主探究

中国基础教育的主要问题就是在于对书本知识的过度关注和对实践活动的相对漠视，从而造成大量学生有知识少体验、会做题不会解决问题、有生命没有生活。而研学实践的功能正是启动学生兴趣、激励学生探索，赋能学生的长远发展。研学过程是短暂的，研学后如果学习者能主动地建构知识、发展自己的兴趣、探索新的可能，这样才可以真正实现研学的价值。

上海气象博物馆的研学课程设计中特别增加了研学后的主动探究内容。

小学 1~3 年级：主要通过研学小任务实现探究

天气符号连连看

台风　晴　霜冻　阴　5 级风　多云　雾　冰雹

天气与气候分分清

天气　气候

雷电交加　全年干热　雨后初晴　长冬无夏　大雾弥漫　四季如春

知识扩展

人工增雨

1839年，有人在地面上燃起熊熊大火，以为烟雾能引来雨水。1890年，有人用大炮把炸药送入云中，让炸药在空中爆炸，期待下雨。1918年，有人用小火箭向空中施放一些致冷物质，企图造云致雨。但是，这些行为都没能成功带来降水。当时人们不懂得雨的来龙去脉。直到1933年，瑞典气象学家贝吉隆提出了著名的“冰晶效应”，才使人们有了人工增雨的理论基础。

动动小脑筋

1. 乘坐汽车时遇到强雷电，下列哪种行为是正确的？(　　)

A. 迅速开门下车

B. 安稳地坐在车里

C. 打开车门但不下车

2. 雷雨天气时，有时我们只看到闪电而没有听到雷声，这是因为（　　）。

A. 没有打雷

B. 雷声传播距离太远减弱了

C. 雷声被遭雷击的物体吸收了

3. 你觉得气象卫星不能做的工作是（　　）。

A. 监测云的发展演变

B. 监测台风

C. 预报气温

小学4~6年级：主要通过信息收集、分析等完成小课题

自主搜索资料并记录

气象与各行业发展有什么相互关系？

如气象与交通、气象与生活、气象与农业、气象与海洋等，也可以找找

自己感兴趣的行业与气象的关系。

初中：自主探究结合综合评价中的研究性课题方法

自发组建课题小组

自主探究设计一个风力发电装置

思考：要让风能转换成电能，需要怎样的条件？

风能发电的电量可能和哪些因素有关？

如果你是工程师，你会将风能发电厂建设在哪里？比如你知道的某个省或者某片区域，并说说为什么？

知识目标

1. 各种形式的能量可以在一定条件下互相转化；

2. 风能与电能互相转换的原理及风能发电机的机械构造；

3. 风能发电机桨叶的大小、形状、多少，风源与桨叶面的角度等因素与发电量间的定性关系；

4. 风电对我国低碳环保目标建设的作用是什么？我国哪里有较多的风电场，为什么？

过程与方法目标

1. 自主调查资料中我国对风能等清洁能源的支持；

2. 自主设计风电装置，以了解桨叶的多少、大小、形状，以及面风的角度等对风力发电效果的影响。

情感目标

1. 我国大力发展风电事业，为节能减排、低碳环保做出的贡献；

2. 传统火力发电对环境的破坏，全球变暖问题带来的极端气候。

研学导师在本模块不需要过多指导，提醒学生课后自主收集资料，自主实践完成。同时可与学校和上海气象博物馆沟通可行方案，组织针对小学生的气象研学知识竞赛和初中生自主探究课题研究成果的收集评选，以鼓励学生的自主探究学习行为。

研学导师手账

我的建议：

我还有补充：

附件一　气象基础常识

天气与气候有啥区别?

要想知道天气与气候的区别，看看这两组对话就知道了：

“今天的天气很好啊！”

“对啊！不冷不热，还有点微风，很适合出去游玩。”

这里说的就是天气，指的是短时天气现象。

“你老家在哪里啊？”

“云南昆明，那里夏无酷暑，冬无严寒，四季如春。”

这里说的就是气候，指的是一种平均状态，主要反映一个地区的冷暖干湿等基本特征。

气象上的凌晨是几点?

“白天不懂夜的黑”，读懂天气预报，要先分清时间用语对应的时间段。

白天：08—20 时；

凌晨：03—05 时；

早晨：05—08 时；

上午：08—11 时；

中午：11—13 时；

下午：13—17 时；

傍晚：17—20 时；

夜间：当日 20 时至次日 08 时；

上半夜：20—24 时；

下半夜：00—05 时。

你知道气温极值出现的时间吗?

今日最高气温：指的是昨日 20 时至今日 20 时出现的最高气温，受太阳辐射的影响，最高气温一般出现在当日 14 时左右。

明晨最低气温：指的是明日 05—08 时出现的最低气温，受地面辐射的影响，最低气温一般出现在 06 时左右。

明日最低气温：指的是今日 20 时至明日 20 时出现的最低气温，受冷空气等的影响，有时最低气温不是出现在早晨，而是出现在冷空气来袭时，因此，有时明日最低气温并不等于明晨最低气温。

晴转多云、晴到多云、晴间多云有啥不同?

天空状况用语一般分为晴天、少云、多云、阴天等。

晴转多云着重于转变的过程，指天气有可能往坏的方向转变，比如前半天是晴天，后面转为多云，意味着天气要变化。

晴到多云则说明天气状况相对稳定，始终在“晴”与“多云”这个区间内。

晴间多云侧重于大部分时间是晴天，少部分时间云量增多，即间隔出现多云。

为何天气预报有时不准确?

天气预报准确性受制于三大因素：①观测资料不足。一些地区受地形限制，观测点很少，如海洋、高原地区。②数值计算能力差异。数值预报员采用求解大气运动方程组的方式算出未来的大气状况，因此计算效能的高低会影响准确率。③仪器精确度不足。

电视天气预报为何“话语匆匆”？

电视主持人的正常语速约每分钟 250 字，电视台提供给每档节目的时长是固定的。以《天气预报》为例：主持人必须在 70 秒之内播报全国未来 3 天的天气趋势，而在有特殊天气情况时又必须加大信息量，所以语速可达到每分钟 400~500 字。

附件二　天气符号示例

序号	符号	名称	序号	符号	名称
1		晴（白天）	7		中雨
2		晴（夜晚）	8		大雨
3		多云(白天)	9		暴雨
4		多云(夜晚)	10		大暴雨
5		阴天	11		特大暴雨
6		小雨	12		雷阵雨

续表

序号	符号	名称	序号	符号	名称
13		雷电	20	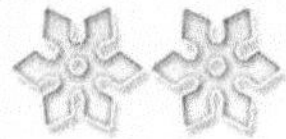	中雪
14		冰雹	21		大雪
15		轻雾	22		暴雪
16		雾	23		大暴雪
17	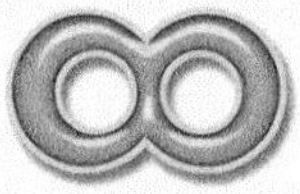	霾	24		特大暴雪
18		雨夹雪	25		吹雪
19		小雪	26	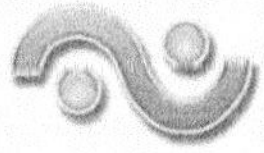	冻雨

续表

序号	符号	名称	序号	符号	名称
27		霜冻	33	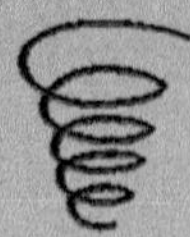	龙卷
28		4 级风	34		台风
29	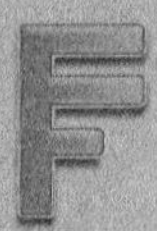	5 级风	35		浮尘
30	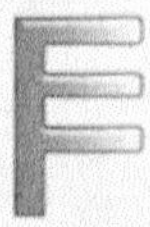	6 级风	36		扬沙
31	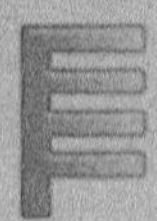	7 级风	37		沙尘暴
32		8 级风	38		强沙尘暴和特强沙尘暴

附件三　民间“天气晴雨表”——气象谚语

关于云的谚语

八月十五云遮月，正月十五雪打灯。

棉花云，雨快淋。

空山回声响，天气晴又朗。

天色亮一亮，河水涨一丈。

红云变黑云，必有大雨淋。

天上豆荚云，地上晒死人。

日落乌云涨，半夜听雨响。

日落胭脂红，非雨便是风。

日落云里走，雨在半夜后。

关于风的谚语

东风急，备斗笠。

风静闷热，雷雨强烈。

关于雷电的谚语

直闪雨小，横闪雨大。

炸雷雨小，闷雷雨大。

雷轰天顶，虽雨不猛。

雷轰天边，大雨连天。
小暑一声雷，倒转做黄梅。
南闪火开门，北闪有雨临。

关于雾、露、霜的谚语

露水起晴天，天干无露水。
霜打低洼地，阴霜难升回。
打了一斤霜，粮食无处装。
春霜不过夜，过夜晴到社。
霜天南风大，今朝难到夜。
满九降夜霜，牵牛吃老秧。
冬至打了霜，夏至引湖江。

关于雨、雪的谚语

云交云，雨淋淋。
急雨易晴，慢雨不开。
水缸穿裙，大雨淋淋。
蚂蚁搬家，早晚要下。
雨后生东风，未来雨更凶。
冬雪兆丰年，春雪讨人嫌。
雨滴鸡开口，出外不要走。
不刮东风不雨，不刮西风不晴。
大雪年年有，不在三九在四九。
早晨下雨当日晴，晚上下雨到天明。
东边日出西边雨，阵雨过后又天晴。
雨前有风雨不久，雨后无风雨不停。

寸雨可抵尺雪水，大雪长落高山处。

夜晴不是好晴天，天亮又将雨绵绵。

早晨下雨砍担柴，晚些下雨打草鞋。

饭前下雨饭后停，饭后下雨无路行。

关于生物反应的谚语

黑蜻蜓乱，天气要旱。

久晴鹊噪雨，久雨鹊噪晴。

蜜蜂归窠迟，来日好天气。

鱼儿出水跳，风雨就来到。

附件四　气象相关历史故事和新闻事件

- 1854 年克里米亚战争中，法国巴黎天文台台长勒维耶发现舰队溃败由风暴引起，于 1855 年正式建议由政府组织气象观测网、集中分析、绘制天气图。1856 年，法国组建了第一个现代天气服务系统，用电报传送各地当日的气象观测结果，开展天气预报服务。

- 上海南浦大桥于 1991 年 6 月 8 日合龙，经气象部门测算，合龙时间定于下午 3 时之后。下午 1 时，主梁吊上桥面；3 时整，测得桥上气温是 28.9 ℃，主梁长 12.20 米，东、西两端合龙口距离为 12.15 米；3 时 01 分，主梁缓缓下降，开始合龙作业；晚上 8 时 25 分，大桥合龙。

- 上海洋山港的建设成功，气象部门付出了极大的辛勤劳动。从 1997 年 8 月起，上海市气象科学研究所在小洋山岛上建设了气象观测科学试验站，历时近 10 年的不间断气象观测，获取了第一手的宝贵资料，填补了该区域气象观测的空白，所做出的分析报告，其严格、科学的结论，为港区工程的立项、建设和港口的运营提供了重要的参考。洋山港如今是位列世界第一的集装箱吞吐大港。洋山港气象站通过大量气象数据打破了洋山港数据孤岛，为东方大港——洋山港建设和安全生产贡献了一份力量。通俗点说，洋山港气象站测量气象数据越精准，就越能保证港口的最大利用率，为经济效益提升助力。而每当恶劣天气来临，比如台风、大雾等天气，洋山港气象站会第一时间提供实测数据给港区，并根据海洋台的预报提供最及时的服务，保证了港区的港务安全。

附件五　课本中相关气象研学知识

小学 1~3 年级

课本	内容
《自然（二年级）》 上海科技教育出版社	天气变化——观察天气、观测风、观测气温
《语文（二年级）》 人民教育出版社	《田家四季歌》《雾在哪里》《风》《雪孩子》 《找春天》《雷雨》
《自然（三年级）》 上海科技教育出版社	热传递与热胀冷缩——液柱为什么会升高
《自然（三年级）》 上海科技教育出版社	温度的变化——气温的变化
《科学（三年级）》 教育科学出版社	天气——认识气温计、测量气温、测量降雨量、 观测风、观察云
《语文（二年级）》 上海教育出版社	《攀登世界第一高峰》《夜上受降城闻笛》 《春夜喜雨》《南极风光》《溪上遇雨》 《六月二十七日望湖楼》

小学 4~6 年级

课本	内容
《语文（五年级）》 人民教育出版社	《太阳》《把铁路修到拉萨去》《草船借箭》 《奇怪的东南风》
《语文（六年级）》 人民教育出版社	《鲁宾逊漂流记》
《科学（四年级）》 教育科学出版社	天气

课本	内容
《自然（四年级）》 教育科学出版社	自然界中的水、地球的自转与公转、沉与浮
《自然（五年级）》 教育科学出版社	我们周围的大气

初中

课本	内容
《语文（八年级）》 人民教育出版社	《倡导低碳生活》
《地理（六年级）》 上海教育出版社	天气与气候——气候的含义，多样的气候、世界气候特点、气候与人类活动
《地理（七年级）》 上海教育出版社	气候特点——灾害性天气及其影响、台风有过也有功、我国农业生产的有利气候条件
《语文（八年级）》 人民教育出版社	《昆明的雨》《大自然的语言》